CIRCULAIRE

DU

GÉNÉRAL WIRION,

A LA

GENDARMERIE NATIONALE

Des neuf départemens réunis, et des pays situés sur la rive gauche du Rhin;

Sur les évènemens qui se sont passés dans la ci - devant *Belgique*, pendant les mois de Brumaire et Frimaire an 7.

Contenant le précis historique des actions de bravoure, d'intrépidité, d'intelligence et de patriotisme, par lesquels cette force publique s'est distinguée dans les circonstances où elle s'est trouvée, depuis le commencement de la rébellion excitée dans ces contrées, par les ennemis de la République, avec des notes sur les auteurs factieux de cette révolte, dont le *prétexte* à été la publication de la loi sur la conscription militaire ; mais *dont le véritable objet* était le rétablissement de l'aristocratie nobiliaire et sacerdotale.

A COLOGNE,

De l'Imprimerie de ŒDENKOVEN *et* THIRIART,

FRIMAIRE AN 7 DE LA RÉPUBLIQUE FRANÇAISE.

„ C'est peu qu'une ligue impie se formât
„ pour anéantir la république naissante:
„ c'est peu que le territoire Français fut
„ souillé par des drapeaux sacrilèges:
„ nos dissentions intestines; les crimes des
„ factions rivales, la guerre civile allumée
„ dans les départemens de l'Ouest, le fa-
„ natisme soulevant des peuplades cré-
„ dules; la ruine et l'incendie parcourant
„ nos belles contrées, toutes ces calamités
„ ne sont-elles pas l'ouvrage de l'impé-
„ rieuse Angleterre et de quelques rois
„ obéissans, qui se déclaraient eux mèmes
„ les agens et les pensionnaires du gou-
„ vernement Anglais, leur juges n'ont-ils
„ pas commencé dans nos tribunaux le
„ procès de la liberté? leurs réprésentans
„ n'ont ils pas siégé dans les enceintes
„ sacrées où réside la majesté du peuple
„ Français! „ (*)

(*) *Loi du 9 Vendémiaire an 7, contenant une
adresse au peuple Français sur la levée de 200000
hommes, proclamée dans les chefs lieux de canton,
à la tête des armées, et dans toutes les communes
de la République.*

N°. 4590.

A Bonn, département de Rhin et Moselle, le 6 Frimaire an 7 de la République Française, une et indivisible.

WIRION *Général de Brigade*,

Chargé par le Directoire-Exécutif de l'organisation de la gendarmerie - nationale dans les départemens de la Roër, de Rhin et Moselle, du Mont-Tonnerre et de la Sarre.

Aux officiers, sous - officiers et gendarmes-nationaux employés dans les départemens de la Dyle, *des* Deux-Nêthes, *de l'*Escaut, *de la* Lys, *de* Jemmappes, *de la* Meuse *inférieure, de l'*Ourthe, *de* Sambre *et* Meuse *et des* Forêts, *réunis par la loi du* 9 *Vendémiaire an* 4, *formant les* 16.e *et* 17.e *divisions de la gendarmerie-nationale.*

Et aux officiers, sous-officiers et gendarmes-nationaux employés dans les pays situés sur la rive gauche du Rhin.

C A M A R A D E S !

Lorsque j'eus mis la dernière main à l'organisation de la gendarmerie - nationale dans les neuf départemens, formés de la ci-devant *Belgique,* je ne balançai pas pour assurer au *Directoire-Exécutif,* qu'il pouvait compter sur la bonté des choix dont il m'avait confié l'initiative, j'ai garanti de plus que, si les ennemis de la république étaient assez audacieux pour tenter quelques coups de main et conspirer dans ces contrées, contre la sûreté intérieure de l'état, une surveillance très-utile ne serait pas le seul bienfait que le *gouvernement* retirerait de cette précieuse institution, j'assurai que la gendarmerie-nationale *châtierait* les brigands contre-révolutionnaires qui ôseraient se mesurer avec cette force publique, *anti-vendéenne.*

Vous avez rempli l'attente du *gouvernement;* vous avez justifié l'opinion que les amis de la république constitutionnelle avaient conçu de vos services; vous avez porté des coups décisifs à la *théocratie,* au *fanatisme,* à l'*Olygarchie royale* et *sacerdotale;* vous avez mérité le titre de *sentinelles vigilantes* de la *tranquilité publique,* de la *sûreté* des *personnes* et de la *conservation* des *propriétés.* Vous avez déjoué les complots abominables ourdis par le perfide *gouvernement Anglais;* et par la destruction de ses infâmes auxiliaires, vous avez arraché les heureuses contrées sur lesquelles vous exercez votre surveillance, aux malheurs affreux dont elles étaient menacées.

Champs de *Fleurus* et de *Jemmappes*, d'*Esseneux* et de *Sprimont*; plaines de *Raucourt*, de *Ramillies*; bords heureux de la *Lys*, de la *Dender*, de la *Dyle* et de l'*Escaut*; pittoresques vallons de l'*Ourthe*, de la *Roër* et de l'*Ayvaille*; fertiles campagnes de la *Belgique*, illustrées par les victoires des phalanges républicaines; non, vous ne serez pas comme les champs *mélancoliques* de la *Vendée*, le tombeau de tant de milliers de Français, moissonnés par les poignards du fanatisme! non, les sicaires du *vatican*; non, les brigands armés par le ministre d'*Albion*; *non les indignes ministres d'un Dieu qui précha la paix, la concorde, le respect aux loix,* (a) ne feront pas ruisseler le sang des hommes sur cette partie du continent; ils avaient engagé cette lutte sanglante pour se parer des

---

(a) Ce dieu vécut et mourut pauvre, il porta des épines pour couronne. Quel étonnant constraste entre cette pauvreté évangélique, et le luxe scandaleux de ceux qui se disaient ses vicaires sur la terre!

A 3

dépouilles opímes des malheureux qu'ils ont entraîné aux bords de l'abyme ; mais cet œuvre d'exécration ne fût point accompli.

Vil ramas de factieux ! le *Gouvernement* de la *grande nation* a les yeux ouverts sur toutes vos démarches , il connaît vos abominables complots, son bras vigoureux vous fera rentrer dans le néant ; que dis-je ! votre supplice a commencé, les hordes sanguinaires que vous avez armées contre la république , n'ont pû soutenir un instant le choc de ses défenseurs, partout cet assemblage monstrueux *de prêtres réfractaires, de déserteurs, de vagabonds, de chauffeurs, de contrebandiers, d'émigrés, de brigands* de toutes couleurs, dont vous avez formé votre hideux cortège, ont mordu la poussière : votre déroute fût générale, le glaive de la *loi* a frappé les grands coupables qui, dans le tourbillon, avaient échappés aux bayonnettes républicaines ; les malheureux que par force, ou par vos abominables provocations, vous parvîntes à réunir pendant quelques jours sous vos bannières populicides, implorent la clémence nationale, et le *Direc-toire-Exécutif* leur ouvre la porte du repentir ; le paisible habitant des campagnes a repris ses travaux agricoles , les propriétés ont été sauyées du pillage que vous avez organisé, le règne de la *loi* a repris son empire, cette lutte impie a prouvé aux moins clair-voyants la force de la *vertu* contre le *crime;* de la *vérité* contre *l'imposture;* de la *république* et du *gouvernement représentatif* contre le *royalisme* et la *théocratie,* enfin c'est une nouvelle preuve ajoutée à tant d'autres de la perfidie du cabinet de St. James et de la sanguinaire atrocité des prêtres rébelles.

Officiers et gendarmes, depuis l'époque intéressante où votre organisation permît de vous faire occuper les résidences qui vous furent assignées par le *tableau de répartition des brigades,* vous eûtes plus d'une occasion de prouver votre attachement au *gouvernement constitutionnel,* de signaler votre courage et votre énergie raisonnés contre les ennemis de la république.

A peine fûtes-vous entrés en fonctions, que les restes épars des brigands qui avaient leurs répaires dans la *forêt* de *Soignes (a),* furent arrêtés et livrés à la vengeance des lois : les hordes de *vagabonds,* de *chauffeurs* qui ar-

____

(a) Brumaire an 4. (Dép. de la Dyle.)

borèrent à *Gennappes*, (*b*) l'étendart de la rébellion, ayant à leur tête un brigand connu sous le nom de *Charles de Loupoigne*, (*c*) furent poursuivis, harcelés sans cesse, arrêtés et livrés aux tribunaux, les autres furent obligés de fuir avec précipitation et dans l'ombre des nuits, le sol que trop long-tems ils avaient souillé de leur présence impure, enfin le même plan de rébellion exécuté un an après, sous la direction de l'ex-baron de *Moorselle* (*d*) éprouva le même sort, *Moorselle* chef de ces nouveaux brigands, paya de sa tête le crime qu'il avait commis; la tranquilité publique troublée par *cet arlequin* de la *quéue* de *Vandernoot*, fût rétablie en moins de 24 heures dans le pays qui fut le témoin de son

---

(*b*) Pluviose an 4. (Dép. de la Dyle.)

(*c*) Le véritable nom de ce Brigand est *Jacquemyns*, il a servi dans un corps autrichien appellé corps franc de *Le Loup* : ce crapuleux personnage habitait Bruxelles où il n'était connu que par ses débauches, il a été condamné à mort *par contumace*, par jugement du conseil de guerre séant à Bruxelles, immédiatement après son échauffourée de Gennappes.

(*d*) Nivose an 5, (à Afflighem département de l'Escaut.)

crime ; vous prîtes une part active dans l'exécution des mesures de sûreté publique qui
produisirent ces heureux résultats ; je vous en
ai felicité au nom du *Gouvernement,* qui m'en
donna l'ordre par l'organe de ses ministres de
la *police générale* et de la *guerre.*

Mais je dois l'avouer, aucune des circonstances de votre carrière politique dans l'arme de
la gendarmerie-nationale, ne peut-être compa-
rée aux événemens extraordinaires dont les
contrées que vous habitez viennent d'être le
théâtre ; jamais conspiration plus vaste n'eut
des ramifications plus étendues, jamais le péril
ne fût plus imminent pour les sincères amis
de la république. Ses lâches ennemis vous des-
tinaient à de plus fortes épreuves, ils avaient
organisé des *vêpres siciliennes* dans le silence
du crime, et dans leur rage délirante ils vous
désignèrent comme les premières victimes que
leurs bourreaux devaient immoler ; le sistême
de dissémination qui constitue essentiellement
la nature du service dont vous êtes chargés,
semblait accroître leurs espérances ; trop lâches
pour lutter avec vous, corps à corps, ils se
flattaient de vous accabler par la force de leur
nombre et de vous massacrer en détail : mais
ces brigands avaient oublié qu'un soldat de
la *liberté* ne calcule jamais le nombre d'en-

nemis qu'il a à combattre, qu'une *gendarmerie-républicaine* ne ressemble pas plus à une maréchausée du *Brabant* (a) , que la révolution

---

(a) Il existait dans les ci-devant Pays-Bas divers corps chargés d'y faire la police, on les appellait *Diossarts*, *maréchaussée de Flandres*, *francs de Bruges*, *Archers du Hainaut*; toutes ces institutions ont été supprimées à l'époque du décret de réunion du 9 Vendémiaire an 4, et les individus qui en faisaient partie n'ont *point été admis* dans le nouveau corps de la gendarmerie-nationale.

Mais le gouvernement a appellé aux emplois d'officiers, sous-officiers et gendarmes les originaires Belges qui s'étaient rangés sous les drapeaux de la république pour combattre l'ennemi commun. Parmi ceux des indigènes qui se sont le plus distingués lors des derniers évènemens on remarque dans le département de l'Escaut le citoyen *Lievermans* lieutenant, ci-devant aide-de-camp du général *Jardon*, il a eu son cheval tué sous lui en combattant les rebelles du ci-devant pays de Waes.

Dans le département des Deux-Nèthes les lieutenans *Merghlinck* de la résidence de *Herenthals*, et *Dupont* de la résidence de Malines.

Et dans le département de Jemmapes le lieutenant *Latteur* de la résidence de Beaumont; il est à remarquer que tous ces officiers *Indigènes* et la majeure partie de ceux qui se sont distingués dans les dernières affaires avaient été privés de leurs

Française à la mascarade grotesque des *Van Eupen* et des abbés de *Tongerloo* (*b*), qu'enfin,

---

emplois avant le 18 Fructidor, et que leur réintégration est encore un des bienfaits de cette glorieuse journée.

(*b*) Le chanoine *Van Eupen* fut l'ame du congrès dont *Van-der-Noot* n'était que le mannequin, ce fut ce congrès qui proscrivit le malheureux *Vandermesch*, et les vrais patriotes qui demandèrent comme lui que le peuple souverain fut légalement représenté dans les assemblées politiques de la ci-devant Belgique; *Van Eupen* a été condamné à la déportation par arrêté du Directoire-Exécutif, peu de tems après la journée du 18 Fructidor an 6.

Godfroi, abbé de Tongerloo, était l'un des plus furieux théocrates du congrès, il s'était fait armer chevalier et colonel propriétaire d'un régiment de son nom : L'abbaye de Tongerloo était l'une des plus riches du ci-devant Brabant : elle est située dans le département des Deux - Nêthes, environ à six lieues d'Anvers.

Les rébelles du département des Forêts ont puisés leur manifeste dans une épitre exhortatoire de *Godfroi*, abbé de Tongerloo; dans cet écrit imprimé à Bruxelles en 1790, le saint abbé adjure ses fidèles soldats de jetter au fond d'un puits *tous ceux qui ne seraient pas de son parti*, c'était

les élémens qui composent la gendarmerie de la ci-devant belgique, sont des fractions extraites de ces légions de héros qui fondèrent la république, et portèrent aux rives du *Danube* et aux portes de *Vienne* le drapeau tricolor qui flotte aujourd'hui sur les remparts d'Alexandrie.

Camarades !

Combien de fois ne vous ai-je pas dit dans l'effusion de mon ame, qu'un *républicain n'avait jamais assez fait, tant qu'il restait encore quelque chose à faire pour la patrie !* (vous avez vu que quand je proclamai cette grande vérité dans ma correspondance, et lors de mes revues d'inspection, *il restait encore beaucoup à faire.*) Vous avez entendu ma voix, et vous avez prouvé par de

---

(au dire de ce brigand) agir suivant le précepte de l'évangile.

J'ai lu cet écrit digne du tems des croisades et j'y ai remarqué en outre que l'abbé *Godfroi*, attribuait les revers des troupes Belgiques à l'irréligion de ceux qui mangeaient de la viande le *Vendredi* et le *Samedi*, on serait tenté de rire de pitié à la lecture d'un pareil écrit, s'il ne rappellait pas des souvenirs si amers pour les sincères amis de la liberté.

glorieux exploits qu'il n'est rien qu'un chef ne puisse entreprendre, que toujours il est certain du succès lorsqu'il commande à des militaires qui connaissent toute la réalité du mot *Patrie* , sur lesquels le véhicule de *l'honneur* et l'amour de la liberté ont un empire si absolu.

Vous avez anéanti les hordes de brigands qui pullulaient sous vos pas, qui avaient agglommeré leurs forces pour vous envelopper et dont les efforts furent vains pour neutraliser votre courage; vous eûtes l'honneur de vous signaler parmi les braves qui soutînrent le premier choc de la rébellion, et dans la position critique où vous vous êtes trouvés, vous prouvâtes que vous étiez accoutumés à partager la gloire et les dangers *de la garde-nationale en activité :* plusieurs d'entre vous ont été assassinés par les sbirres des califes du vatican, des scélerats ont poussé la barbarie jusqu'à égorger des femmes (*) et des enfans, ils ont pillé vos

---

(*) Je ne dois pas passer sous silence un trait d'humanité et de grandeur d'ame qui honore les citoyens Dufresne et Bigarnes, le 1er chef du 32.e escadron, le second capitaine, commandant la compagnie de gendarmerie du département des Deux-

casernes, livré aux flammes tout ce que vous possédiez, enfin rien de ce qui peut exciter l'indignation et la vengeance n'a été épargné par ces cannibales (a); vous vous êtes montrés

---

Nêthes; un brave gendarme fut assassiné par les rébelles, il laissait une veuve et plusieurs enfans, Dufresne et Bigarne ont recueillis chez eux cette famille infortunée, et ce n'est pas par eux que j'ai appris cet acte de bienfaisance.

Braves officiers, ce trait de générosité ne vous fait pas moins d'honneur que la gloire que vous vous êtes acquise en vous trouvant toujours en présence des rébelles à la tête de vos brigades; secourir les malheureux, soulager l'honorable indigence, prendre soin des veuves et des orphelins, voilà la morale des républicains, la véritable morale de l'évangile, mais ce n'est pas la morale des prêtres réfractaires, les cœurs de ces Brigands furent toujours inaccessibles à la pitié, à la sensibilité, et à tout sentiment généreux.

(a) Tandis qu'on imprime cet ouvrage j'apprends officiellement que les rébelles qui s'étaient échappés de Diest ont été attaqués vigoureusement dans Hasselt, par les troupes de la république, sous le commandement de Jardon, général de brigade, et qu'ils ont été mis dans une pleine déroute laissant 1500 à 2000 des leurs sur le carreau. Nous n'avons à regretter que la perte d'un très-petit nombre de républicains dans cette dernière affaire, de ce

grands, généreux et magnanimes; vous avez signalé vos victoires par un calme et une modération qui réhaussent votre gloire, et commandent le respect de vos plus cruels ennemis et des plus furieux théocrates.

Officiers qui avez marché à la tête de vos brigades, vous avez prouvé que rien n'est plus capable d'électriser des ames républicaines que l'exemple d'un chef qui, le premier, supporte les fatigues de ses subordonnés et les dirige partout où il y a des dangers à courir, de l'honneur à acquerir, de la gloire à moissonner: gendarmes-nationaux, vous voyez aussi dans vos succès les effets heureux et toujours infaillibles de la subordination et de la stricte exécution des lois constitutives de la discipline militaire.

---

nombre est le gendarme Vannier, de la résidence d'Hasselt, qui ayant été pris par les rebelles à leur entrée a été sur-le-champ fusillé par eux, le même rapport m'instruit que ces rebelles avaient à leur tête 4 prêtres dont ils reçurent une absolution générale qui fut l'avant-coureur de leur déroute.

Rapport du citoyen Maupoint commandant la 17 division de gendarmerie-nationale du 16 Frimaire an 7.

Vous avez donc tous fait votre devoir; vous avez acquitté envers la patrie une dette sacrée pour tout républicain ; voilà ce qu'attestent dans les comptes qu'ils ont rendus au *gouvernement,* les *officiers-généraux* que le *Directoire-exécutif* honore de sa confiance et à qui la ci-devant *Belgique* doit son salut, voilà ce que répètent avec les *officiers-généraux,* les *autorités constituées,* qui ont apprécié les services éclatans que vous venez de rendre à la chose publique, enfin voilà ce que j'ai appris de tous les points de la ci-devant Belgique par les divers fonctionnaires publics qui ont eu des relations avec vous dans ces momens difficiles, par les bons citoyens dont vous avez sauvé la vie et les propriétés ; ce sont ces rapports unanimes, parvenus à la connaissance du gouvernement, qui ont motivé la lettre du ministre de la guerre du 27 Brumaire, que je m'empresse de vous communiquer ; les témoignages de satisfaction qu'elle renferme vous imposent de nouvelles obligations, il vous sera d'autant plus doux de les remplir, que vous avez la certitude qu'elles n'échapperont pas à la gratitude *nationale.*

Vous apprendrez avec joie, mais sans en être surpris, que vous avez eu de zélés imi-

tateurs ; *dans tous ceux de vos camarades
qui font le même service que vous dans les
nouveaux départemens situés sur la rive
gauche du Rhin ;* il n'en est pas un seul qui
ne brigua l'honneur de partager vos dangers,
et de combattre avec vous les brigands soldés
par l'or de l'*Angleterre*. Que n'avez-vous été
comme moi témoins de leur enthousiasme ?
vainement quelques essaims de brigands *harcelés* dans le département des *Forêts* , ten-
tèrent de propager la rébellion dans celui de
la *Saarre ;* la gendarmerie était sur la fron-
tière de ce département ; elle a sauvé les
caisses publiques, arrêté les principaux chefs
de la révolte qui a éclaté à *Prüm,* (*) ceux qui
avaient coupé *l'arbre* de la *liberté* , et

(*) Le rétablissement de la tranquilité publique dans
cette partie du département de la Saarre est dû à
l'activité, à la bravoure, et au sang froid, du lieutenant de gendarmerie *Penot*, employé provisoi-
rement dans cet arrondissement; les bonnes dispositions qu'il a faites ont empêché les brigands de
propager la révolte dans les départemens de la
*Saare et de la Roër ; voir dans la collection des
pièces la lettre du citoyen* Rudler *commissaire du
gouvernement.*

*Voir aussi la lettre du ministre de la guerre du
19 Frimaire.*

B

avaient substitués à cet emblême chéri de notre régénération politique, le signe sanglant que portaient sur leurs *bannières*, les enfans de *Jésus et du Soleil à Lyon*, les *Egorgeurs du fort Jean à Marseille*, les *brigands vomis par l'Angleterre dans la Vendée*, les *assassins des protestans à Nismes et à Montauban*, les *scélérats qui proscrivirent à Bruxelles l'infortuné Vandermesch et les compagnons de sa gloire*, les *assassins de la St.-Barthélemi dans toute la France*, les *sicaires du Vatican dans tout le monde que ses lamas appellaient le monde chrétien*.

Quel ami de l'humanité ne frissonnera pas d'horreur à la lecture de ces caractères de sang, que contient l'horrible écrit dont ces forcenés prédicans se sont fait précéder dans le département des Forêts. (*)

(*) Les rébelles du département des Forêts étaient guidés par deux scélérats, l'un nommé *Kriendal* curé insermenté d'Oderhange, canton de Reuland; l'autre *Martini*, vicaire insermenté de *Maldange*, même canton;

Le reste des brigands qui ont désolé la Belgique a été taillé en pièces par les colonnes Républicaines dans la partie du département des *Deux-Nèthes*

« *Au nom d'un dieu que nous servons*
« *et que nous adorons , feu et flamme,*
« *sur tout à ceux qui ne sont pas de notre*
« *parti.* »

Telle fût aussi la sacrilège invocation de
l'infâme Cardinal de Lorraine, lorsqu'il bé-
nissait les poignards dont Medicis et son fils
(*) avaient armés les assassins qui portèrent
sous les fenêtres du Louvre , la tête san
glante du malheureux *Coligny*.

---

connue ci - devant sous le nom de *Campine du
Brabant*, à Ghéel, Mool et Merhout.

Ils ont été attaqués avec une telle impétuosité qu'ils
ont abandonnés tous leurs vivres, leurs bagages et
leurs munitions.

On a remarqué à la tête de chaque colonne de brigands, une fourmillière de prêtres , le crucifix à
la main qui prêchaient au nom d'un dieu de paix
l'égorgement des citoyens. (*Rapport du général
Béguinot, commandant les départemens de la
Dyle , de Jemmappes et des Deux - Néthes,
Frimaire an 7.*)

(*) CHARLES IX; il était lui même armé d'une ca-
rabine, et fit feu sur les protestans le jour de la
St. Barthélemi.

Lorsque les cloches de Camille - Jordan son-
naient les funérailles de la République, c'é-
taient encore les prêtres rébelles qui, un crucifix à la main, dirigeaient les poignards du
fanatisme, et appellaient à grands cris l'an-
cien régime et ses horreurs ; *le culte des
prêtres réfractaires n'est autre chose que
la haine de la révolution et l'amour de la
royauté.* (*)

Et pourquoi n'ajouterai-je pas que ce signal
des *Vêpres siciliennes*, fût de nos jours et surtout pendant la réaction royale, dont l'immor-
telle journée du 18 Fructidor a marqué le
terme, le ralliement des hordes de cannibales
par lesquels furent immolés les plus purs républicains dans les départemens méridionnaux
de la République, *des fils légitimes et des
gardes du corps du lourd et féroce mannequin,* qui chassé de *Veronne,* conspué à
Blankembourg, fatigue aujourd'hui la *capi-
tale de la Courlande* (**), du poids de son
ignominie.

(*) Rapport de Briot sur la législation relative aux
prêtres réfractaires, séance du conseil des 5oo
du 21 Brumaire an 6.

(**) Mittau.

Gendarmes-nationaux , votre première récompense est dans le bien que vous avez fait, dans l'estime de vous même , dans la gloire que vous vous êtes acquise , en justifiant par votre conduite valeureuse la confiance que vous ont donnée les *généraux,* sous les ordres desquels vous avez marché , et celle des *autorités civiles ,* que vous avez si puissamment secondées dans la découverte des instigateurs et moteurs de cette révolte ; dans l'arrestation des principaux chefs et meneurs de la rébellion , et dans la destruction des tronçons épars de l'*hydre ,* dont vous avez contribué à abattre les têtes qui semblaient se réproduire sous les coups que vous portiez.

Le Directoire-Exécutif de la grande nation saura apprécier l'importance des services que vous avez rendus, *le patriotisme, la bravoure et toutes les actions d'éclat* (a) seront récom-

---

(a) Parmi les nombreuses actions d'éclat qu'ont fait naître les malheureux événemens dont la ci-devant Belgique vient d'être le théâtre , on distingue le trait suivant :

« Le citoyen *François Hendrick* gendarme de la
« brigade de Venloo , département de la Meuse
« inférieure, faisant partie d'une des colonnes mo-

pensés, vos pertes seront réparées, le *gouvernement* viendra au secours des veuves et orphélins, en un mot tous les braves qui se

---

« biles de ce département est expédié d'ordonnance
« de Ruremonde à Venloo ; dans sa course, il
« rencontre deux brigands armés et leur en demande
« la raison, leur réponse est de mettre *Hendrick*
« en joue, qui en prévient un en le tuant d'un
« coup de pistolet et l'autre, en le chargeant à
« coups de sabre qu'il n'évite qu'en se jettant
« dans les fossés et buissons, dont ce pays abonde :
« *Hendrick* rapporte les deux fusils.

Le ministre de la police générale de la république a chargé le citoyen *Maupoint* commandant la 17.e division de féliciter au nom du gouvernement le brave gendarme *Hendrick*. (*Rapport officiel du citoyen Maupoint chef du 33.ème escadron de la gendarmerie - nationale , du 5 Frimaire an 7.*)

A ce trait de bravoure, il faut en ajouter un autre qui caracterise l'intrepidité, l'adresse et un sang froid admirables : il appartient au citoyen Loos lieutenant de gendarmerie à la résidence d'Ettelbruch département des Forêts : Le voici tel qu'il se trouve dans le rapport officiel du capitaine de gendarmerie Salès qui a commandé l'une des colonnes républicaines contre les rébelles de ce département (14 Frimaire an 7.)

sont distingués, ressentiront les effets de la reconnaissance nationale ; et déjà le *Directoire-*

« Loos apprend que les brigades de gendarmerie de
« Wiltz, Housingen et Artzfeld étaient faites pri-
« sonnières ou cernées, aussitôt (à deux heures
« du matin) il s'avance à leur rencontre avec sa
« brigade d'Ettelbruch ; à l'approche des révoltés,
« il dissémine ses 4 hommes autour de la com-
« mune de *Houchette* où ces brigands étaient
« réunis, en disant aux gendarmes qu'il allait
« marcher seul contre les révoltés (Loos était
« déguisé) et que lorsqu'ils entendraient les pre-
« miers mouvemens chacun de son côté eut à faire
« le commandement *en avant chasseurs*, *en avant*
« *gendarmes, en avant hussards, etc.*, *etc..*. Cette
« ruse a parfaitement réussie : effectivement Loos
« se transporte au milieu des révoltés, leur parle
« d'abord le langage de l'amitié, mais il est
« reconnu par plusieurs qui crièrent, c'est un
« gendarme ! il faut l'assassiner!... Il saisit aussitôt
« ses pistolets, blesse mortellement le chef de ces
« révoltés, deux autres à coups de sabre et un
« quatrième qu'il fait prisonnier, (au moyen de
« ce que chaque gendarme avait de son côté
« exécuté le signal convenu) ce qui sema la terreur
« parmi eux... »

Le capitaine Salés ajoute que cette bravoure de la part du citoyen Loos et de ses gendarmes empêcha les insurgés d'aller plus loin, et lui donna le tems de concerter avec le général Morrand commandant

Exécutif y a pourvû par les dispositions sages et justes de son arrêté du 14 Brumaire (a).

Quant à moi, camarades, vous dire que je regarde comme le plus beau jour de ma vie, celui où j'entendis le récit de vos exploits , ce n'est rien vous apprendre dont vous ne soyez déjà convaincus ; vous connaissez ma

---

à Luxembourg, les dispositions ultérieures qui achèverent la destruction des brigands dans le département des Forêts.

(a) « Il est urgent d'arrêter le cours des brigandages
« et des attentats multipliés qui se commettent dans
« une partie des départemens réunis ; les auteurs
« fâctieux de ces troubles, stipendiés par un ennemi
« perfide et grossissant leurs bandes de mécontens
« de vagabonds et d'hommes égarés par le fanatisme,
« ont portés la désolation dans plusieurs cantons des
« départemens de l'Escaut, des Deux-Nèthes, de
« la Dyle, de la Lys, de Jemmappes, etc., il importe
« de venir promptement au secours des citoyens
« victimes de leurs fureurs , et de leur assurer
« ainsi qu'à leurs familles, les soulagemens et dom-
« mages intérêts que la loi leur accorde. »

*Arrêté du Directoire - Exécutif, du 14 Brumaire
an 7. Imprimé au N.ro 235 du bulletin
des lois.*

sensibilité, et tous vous pouvez vous former une juste idée des sensations délicieuses , que j'ai éprouvées à la lecture des lettres que je fais imprimer à la suite de celle-ci, conser‑ vez-la, *camarades*, comme un gage de mon estime et des félicitations que je vous fais en reconnaissance de la conduite honorable par laquelle vous avez justifié les assurances que j'avais données depuis long-tems au *Directoire-Exécutif.*

Officiers et gendarmes-nationaux des neuf départemens réunis, vous continuerez de mar‑ cher dans les sentiers de l'*honneur*, du *pa‑ triotisme* et de la *vertu*, heureuses affections morales qui constituent l'essence du vrai répu‑ blicanisme , et que vous avez si bien mises en pratique ! entendez encore la voix de l'*officier‑ général* qui vous a organisé, et qui des rives du Rhin où il remplit une mission semblable à celle qui a si bien réussi dans la ci-devant *Belgique*, croit devoir vous repéter que *l'ac‑ tivité , la fermeté , la prudence et les lumières* doivent également concourir à l'extinction de l'incendie rébellionaire, qui a failli dévorer les heureuses contrées où le *gouvernement* vous appelle à faire respecter la volonté nationale; retenez bien ceci : *sans lumières,* on court

risque de masquer le feu pour un moment
et on ne .fait pas disparaître le danger d'une
nouvelle explosion : *sans prudence* on pourrait
amener le désespoir de l'homme, qui n'ayant
été qu'égaré n'est pas indigne de ressentir les
effets de la clémence nationale : le *défaut de
fermeté* serait une prime d'encouragement.,
pour les rébelles dont les chefs et les instigateurs surtout, ne doivent pas échapper à la
rigueur des lois ; enfin sans *activité*, on
donnerait au mal, le tems de se propager ;
aux factieux la possibilité d'augmenter l'épi-
démie et de grossir le nombre de leurs par-
tisans.

Voila, *citoyens*, ce qu'il est urgent de prévenir et d'empêcher, vous ne pouvez man-
quer d'atteindre ce but en suivant la route
que je vous indique.

. Le gouvernement n'ignore pas que l'état
dans lequel se trouvent les départemens où
l'insurrection a éclatée, présentera encore à la
gendarmerie, beaucoup d'occasions de signaler son courage et son attachement invincibles
à la cause républicaine ; nul d'entre vous ne
l'ignore, *mieux vaut mille fois prévenir le
mal, que d'être obligé de déployer de gran-
des forces pour le réprimer.*

C'est principalement pour prévenir le mal, pour le réprimer dès son origine, que la gendarmerie - nationale est instituée, il m'est démontré que dans tous les départemens réunis où j'ai organisé cette force publique, on peut avec facilité rassembler 5o gendarmes en moins de 1o heures et 1oo en moins de 24 heures; pourrait-il y avoir dans l'espace de 24 heures un rassemblement non prévû assez bien armé et organisé pour résister à 1oo *gendarmes?* non sans doute, l'expérience a prouvé que ces données étaient exactes et que rien n'était plus facile à opérer que cette réunion accélerée des brigades de la gendarmerie-nationale, au centre, aux extrêmités et sur tous les points quelconques d'un département où la tranquillité publique serait troublée.

Grénadiers et volontaires, carabiniers et dragons, cavaliers et hussards, canonniers et chasseurs, vous tous qui depuis sept ans vous êtes identifiés avec la pratique austère des vertus républicaines, qui au milieu des camps n'avez jamais eu d'autre passion que celle de la gloire et de la prospérité de votre patrie, vous qui emportez les regrets des chefs qui vous ont conduits à la victoire, vous enfin que la loi et les ordres du *Directoire - Exécu-*

tif appellent à faire partie de la gendarmerie-nationale des 4 nouveaux départemens, quel fonds inépuisable d'honneur, de courage, et de patriotisme vous apportez pour acquitter la lettre de change que vos camarades des 9 départemens réunis viennent de tirer sur vous! une nouvelle carrière de gloire s'ouvre devant vous, dans le pays où vous ne pouvez faire un pas sans vous dire, « *c'est ici que j'ai combattu pour la liberté et l'égalité, c'est-là, que les victoires des armées dans lesquelles j'ai servi ma patrie, ont fixé les limites de la République Française. Malheur au factieux dont les projets insensés y fomenteraient le trouble, et y entretiendraient de coupables espérances, s'il se montre il aura vécu.* »

Gendarmes-nationaux des quatre nouveaux départemens, heureux assemblage de braves de toutes les armes, j'ai vû vos fronts parés des lauriers de la victoire, j'ai admiré vos glorieuses cicatrices, tout porte en vous l'empreinte de la valeur et des généreux sentimens qui vous animent, je ne balance donc pas pour assurer au *Directoire-Exécutif* que vous marcherez sur les traces de vos camarades des neuf départemens réunis. Tous vous êtes solidaires de l'obligation sacrée que je contracte envers le gouvernement qui m'honore de sa confiance; songez que ne pas l'acquitter ou n'en acquitter qu'une partie serait payer de la plus noire ingratitude la bienfaisante sollicitude du Directoire-Exécutif: s'il était possible qu'il existât un seul homme capable de cette déloyauté, vous même vous demanderiez sa radiation du contrôle de la gendarmerie-nationale et je la prononcerais sans hésitation; mais une pareille crainte n'est pas à concevoir, vous m'avez donné des gages trop respectables pour ne me pas garantir que des rives du *Rhin* aux bouches de l'*Escaut,* votre cri de ralliement sera *guerre à mort à tous les brigands qui sonneront le tocsin d'une nouvelle Vendée.*

Guerre aux lâches émigrés, la nation Française a déclaré qu'elle les bannissait à perpétuité du territoire de la République (*a*), qu'ils se souviennent de la déconfiture *de leurs pareils à Quiberon,* et qu'ils sachent qu'un semblable sort les attend s'ils ôsent mettre le pied sur le sol de la liberté.

Guerre aux prêtres rébelles qui provoqueront à la révolte, à la désobéissance aux lois et

___

(*a*) Art. 273 de l'acte constitutionnel.

à la dissolution du gouvernement républicain
(*a*) qu'ils sachent ces jongleurs, que leurs démarches les plus occultes ne peuvent échapper
à la surveillance de la gendarmerie-nationale,
que l'œil de la police les suit dans leurs repaires
les plus obscurs, que le jour qu'ils auront marqué pour l'exécution de leurs projets exécrables,
sera celui de leur anéantissement.

Clémence, humanité, justice enfin, pour les
*malheureuses victimes de l'ignorance, du fa-
natisme et de la superstition : respect réli-
gieux* pour les *personnes* et les *propriétés*, car,

(*a*) Plus cruels cent fois que les hideux et féroces
bédouins, les prêtres rébelles ont commis sur le sol
de la République plus de crimes et d'atrocités pendant la révolution, que les Arabes depuis qu'ils se
sont formés en bandes assassines pour piller les cara-
vanes dans les déserts de la Syrie et de l'Égypte :
L'Arabe (*aa*) se sature par le pillage et le butin,
la vengeance du prêtre rébelle est inextinguible, toujours il a soif du sang des Républicains.

(*aa*) « Les arabes sont les plus grands voleurs et les plus grands
» scélérats de la terre, assassinant les Turcs comme les Français,
» tout ce qui leur tombe dans les mains. »
Lettre de Buonaparte, général en chef de l'armée d'Orient,
au Directoire-Exécutif. Au Caire le 6 Thermidor an 6.

c'est sur le maintien des propriétés que reposent la culture des terres, toutes les productions, tout moyen de travail et tout l'ordre social (b).

Gendarmes, regardez votre armure, que vos yeux se fixent sur la plaque de votre baudrier et dites si le législateur pouvait vous donner un guide plus sûr, une leçon plus utile et plus constante (c). Telles sont, camarades, les conséquences qui dérivent naturellement des principes sur lesquels répose le pacte social, dont le dépôt sacré est confié au courage de tous les Français.

O vous, sur qui la nature a versé à pleines mains les bienfaits dont elle s'est montrée avare envers tant d'autres peuples, heureux habitans des campagnes, bon peuple de la ci-devant Belgique, citoyens de tous états, reportez vos regards sur l'époque à jamais mémorable du 9 Vendémiaire an 4? depuis la loi régénératrice

---

(b) Article 108 de la déclaration des devoirs de l'homme.

(c) L'article 58 de la loi du 28 Germinal an 6, porte que sur le baudrier des gendarmes, sera appliqué une plaque de cuivre argentée portant ces mots : *Respect aux personnes et aux propriétés.*

par laquelle avant de terminer sa session , la *Convention nationale* vous associa aux destinées immortelles du peuple Français, tous vos jours n'ont-ils pas été marqués par de nouveaux bienfaits du gouvernement de la grande nation, n'avez-vous pas vû s'écrouler en un instant le monstrueux et gothique édifice que des fourbes, ou des imbécilles vous présentaient comme la cause occasionnelle de votre prospérité! n'avez vous pas vû tomber les cent-têtes de l'hydre de la féodalité, qui dévorait les produits de votre industrie! le Directoire-Exécutif n'a-t-il pas brisé tous les instrumens du despotisme monacal qui pesait sur vous depuis tant de siècles ; rappellez-vous qu'à l'époque *du* 9 *Vendémiaire an* 4, votre patrie était infestée de brigands de toute espèces, de chauffeurs et d'assassins qui portaient la désolation dans les cités et dans les campagnes, qui incendiaient vos guérets , égorgeaient le paisible cultivateur sous son toit rustique, attendaient au coin d'un bois le négociant que ses affaires obligeaient de voyager , pour lui ravir sa fortune ; de prêtres hypocrites , invoquant l'intérêt du ciel pour égarer votre raison, semant par tout la discorde pour conserver l'immense butin qui avait été extorqué à l'aveugle crédulité des peuples dans ces tems malheureux où l'ignorance, le fanatisme et la superstition ont si bien servi les sinistres projets de ces sycophantes.

Aussitôt que la loi de réunion fut promulguée, la conservation intacte de vos propriétés, fut le premier soin qui fixa l'attention du Directoire - Exécutif, il chercha le remède qui convenait pour arrêter le torrent de crimes et de brigandages dont chaque jour vous étiez la victime ; il le trouve dans l'organisation de la gendarmerie-nationale, et à l'instant il ordonne l'établissement de cette force publique *protectrice des personnes et des propriétés.*

Depuis que vous avez joui de cette utile institution, combien de fois n'en avez-vous pas recueilli les précieux avantages ! Ne lui devez-vous pas la répression du brigandage, la découverte, l'arrestation et le châtiment des scélérats qu'une trop longue impunité avait enhardie, dont l'audace allait toujours croissante et qui ne prenaient plus la peine de déguiser leurs projets de pillage et de destruction : est-il un seul ennemi de votre repos et de votre tranquillité, qui dénoncé par vous à l'autorité publique, n'ait pas été aussitôt réduit à l'impuissance de nuire, et n'est-ce donc pas au

Directoire-Exécutif de la République Française que vous êtes rédevables de la sécurité dont vous avez joui dès l'instant de votre association à la grande famille des Français! Regardez donc comme vos plus cruels ennemis , les prêtres fanatiques et les anciens agens du despotisme théocratique qui cherchent à vous égarer par leurs déclamations contre la République et ses institutions, par des libelles injurieux au nom Français, par des placards incendiaires et par l'avilissement du gouvernement dont la protection paternelle vous a arraché aux maux affreux d'une dévorante anarchie : ne frémissez vous pas, lorsque vous voyez cet assemblage de brigands fomenter sourdement la révolte et semer, au milieu de vous, les germes de la guerre civile! Les scélérats ont-ils respectés vos propriétés lors des derniers évènemens qui ont ensanglantés vos contrées ! toutes les communes, tous les hameaux, toutes les maisons, dans lesquels ils ont pû s'introduire, n'ont-ils pas été le théâtre de leurs fureurs et de leurs dévastations !

Les prêtres rébelles vous ont dit, qu'il fallait resister à la conscription militaire ; mais rappellez vous de ce que vous disaient il y à huit ans, ceux-là même, qui vous tiennent aujourd'hui ce langage perfide ; ils vous prêchaient la croisade, vous enlevaient à vos travaux rustiques, à vos femmes, à vos enfans, pour vous sacrifier à leurs vengeances et à leurs projets d'envahissemens, et c'est en dénaturant la plus belle et la plus heureuse institution, qu'ils cherchent aujourd'hui à vous faire régarder comme désastrueuse, une loi salutaire, qui, en garantissant la liberté politique et la liberté civile, vous assure la jouissance inaltérable de tous les avantages d'un gouvernement fondé sur la liberté et l'égalité.

La conscription militaire, est la sauve garde de la République et le désespoir de ses ennemis :

La *conscription*, efface cette ligne de démarcation que la politique des rois avait tracée entre le soldat et le citoyen ; elle organise une armée vraiment nationale à la place de ces troupes mercenaires qui, n'ayant ni foyer, ni patrie, séparaient leurs intérêts de ceux de la nation et servaient d'instrument au despotisme. Les despotes divisaient les hommes pour les gouverner, la République met sa force dans l'union, elle ne connaît d'autres soldats que les citoyens, et le peuple n'est pas distingué de ses défenseurs.

Tels sont les avantages de cette grande institution qui honore la sagesse du législateur ; il était naturel de croire qu'elle serait calomniée par les détracteurs du gouvernement républicain et sur tout par les prêtres rébelles qui en sont les ennemis les plus irréconciliables : *Ils est donc vrai, que la conscription militaire n'a été que le prétexte mal déguisé par les prêtres et les espions du gouvernement Anglais, pour exciter la révolte dans les heureuses contrées qui viennent d'être le théâtre de leurs crimes ; mais que le véritable objet est le rétablissement de l'aristocratie nobiliaire et sacerdotale,* le Directoire - Exécutif à coupé le mal dans sa racine, la victoire est restée à la république , et cette fois encore , ses ennemis n'ont eu pour eux , que la honte du crime qu'ils n'ont pû consommer.

Auguste révolution Française, sublime *charte constitutionnelle* de l'an 3, inconcevable ouvrage du génie de la *liberté*, quels prodiges vous enfantâtes à votre aurore ! combien ils se sont multipliés pendant que vous vous avanciez comme un géant , vers les hautes destinées que votre heureuse influence assûre au premier peuple de l'univers , et surtout pendant cette guerre mémorable qui a effacé les exploits des plus grands héros de l'antiquité !

Combien il s'en opérera dans le reste du monde, lorsque semblables à un soleil radieux et bienfaisant, vous dispenserez au genre humain, tous les trésors d'une paix inaltérable et d'un bonheur parfait !

J'invite les chefs d'escadron et les officiers qui ont donné un si bel exemple à leurs subordonnés à continuer de les diriger comme ils l'ont fait jusqu'à ce jour, et à transmettre à chacun des *sous-officiers et gendarmes*, un exemplaire de la présente circulaire.

Vivent à jamais la République et la constitution de l'an 3.

Signé, WIRION.

Suivent les lettres mentionnées en la présente circuliaire.

LIBERTÉ.   *ÉGALITÉ.*

Au quartier-général à Bruxelles, le 22 brumaire, an 7 de la République Française, une et indivisible.

Le général de brigade BÉGUINOT, *commandant les départemens de la* Dyle, *de* Jemmappes (*) *et des* Deux-Nêthes

Au général WIRION, *inspecteur de la gendarmerie-nationale.*

La conduite de la gendarmerie, mon cher général, est digne, dans les circonstances actuelles surtout, des plus grands éloges. On a

---

(*) Le département de Jemmappes ne fut pas non plus exempt de la contagion : mais la rébellion n'y à pas eu des suites aussi sérieuses que dans les deux autres : après la déconfiture des rébelles à *Leuze* tout rentra dans l'ordre, le capitaine de gendarmerie *Guerault,* commandant la gendarmerie du département de Jemmappes contribua pour

vu depuis le commencement de la révolte, les *officiers, sous-officiers* et *gendarmes* se porter sur tous les points ou elle a éclatée, braver tous les dangers, (elle en a couru de grands) combattre avec courage, et supporter des fatigues sans nombre : nous devons à l'activité des chefs de ce corps respectable, les premiers succès remportés sur les brigands.

Je vous adresserai, mon cher général, une copie du rapport général de tous ces événemens, aussitôt qu'il aura été rédigé ; votre sincère ami.

Signé, BÉGUINOT.

beaucoup par ses bonnes dispositions, son activité et son patriotisme éclairé, au rétablissement de la tranquillité publique, il a été rendu compte au gouvernement de la conduite de cet officier et de ceux qui ont marché sous ses ordres.

C 4

LIBERTÉ. *ÉGALITÉ.*

Au quartier-général à Bruxelles, le 22 Brumaire, an 7 de la République Française,
une et indivisible.

Le général de division Colaud, *commandant
les neuf départemens* réunis.

Au général Wirion, *inspecteur de la gendarmerie-nationale des départemens* réunis.

Je vous préviens, mon cher général, que
j'ai rendu compte au *ministre de la guerre*,
de la bonne conduite, courage, fermeté, infa-
tiguable activité, qu'à déployés la *gendarmerie-
nationale* réunie à Bruxelles et environs; ils
ont exterminé les brigands partout où ils les
ont rencontré, *quatre* gendarmes ont été
tués, *onze* blessés, *dix-huit* chevaux tués et
quatorze blessés, leur courage ne s'est pas
borné à combattre les brigands les armes à
la main, ils ont encore arrêté les chefs des
révoltés ; le citoyen Dutailly (*) capitaine com-

(a) Le capitaine *Dutailly* a été admirablement se-
condé par les lieutenans *Bertrand*, de la résidence

mandant la gendarmerie mérite les plus grands éloges, je vous recommande ce brave officier.

L'organisation de la gendarmerie des départemens réunis fait honneur à votre choix : recevez en mon sincère compliment et ne doutez pas, je vous prie, des sentimens d'estime de votre camarade.

Signé, COLAUD.

---

de *Hall* et *Vaillant* de celle de *Louvain* ; le premier a obtenu les plus grands succès contre les rébelles dans les cantons d'*Asch* et de *Merchtem* ; le second a eu son cheval tué sous lui en combattant les Brigands qui s'étaient portés dans le canton d'*Aerschot*.

(NOTA.) Le général en chef de l'armée de Mayence a fait mettre ces deux lettres à l'ordre général de l'armée.

LIBERTÉ. *ÉGALITÉ.*

5.ème BUREAU.

GENDARMERIE
NATIONALE.

DÉPARTEMENT
des
DEUX NETHES.

A ANVERS, le 14 brumaire, an 7 de la République Française, une et indivisible.

L'administration centrale du département des Deux-Nêthes.

Au général WIRION, *chargé de l'organisation de la gendarmerie dans les départemens réunis.*

CITOYEN GÉNÉRAL!

C'est dans les circonstances qui viennent de se passer que l'on est à même d'apprécier la bonne ou mauvaise organisation d'un corps aussi important que la gendarmerie; grâces aux soins que vous avez bien voulu vous donner, elle a été tellement bien composée dans notre département, qu'elle mérite les éloges les plus grands pour son dévouement et sa bonne tenue, nous avons été à même d'en

avoir la preuve au milieu des derniers troubles
qui ont agités ce pays.

Officiers, sous-officiers et *gendarmes* ont
tous developpé un courage et un sang froid
auquel nous ne saurions trop rendre justice,
les officiers par leur *activité*, et leur *bravoure*
ont beaucoup contribué au succès des mesures
employées pour arrêter les progrès des brigands, ils se sont pendant plusieurs jours et
plusieures nuits refusés le plus léger repos, et
ont bravé les fatigues et les dangers : leurs
talens et leur présence d'esprit se sont déployés d'une manière particulière ; les gendarmes toujours à cheval ont, durant trois jours,
combattus presqu'à eux seuls les révoltés ,
plusieurs d'entre-eux ont péri sous les coups
de ces brigands ; la vue de la mort de leurs
camarades, loin de rallentir leur courage ne
faisait que l'animer et néanmoins malgré le
désir de vengeance qui devait les guider, ils
savaient se contenir dans les bornes d'une modération et d'une discipline continues ; nous
vous communiquons ces détails, citoyen général , parce qu'étant comme le père de la
gendarmerie, dans les départemens réunis ,
vous devez apprendre avec plaisir que ceux
que nous appellerons vos enfans n'ont pas

dégénéré de leur origine. Quant à nous, nous formons un vœu bien prononcé, c'est que nous ne soyons jamais séparés de ces estimables militaires, qui nous ont très-utilement secondés dans la crise pénible au milieu de laquelle nous nous sommes trouvés.

Salut et fraternité.

Les administrateurs du département des Deux-Nêthes.

Signés, CHORNEL, JANNIER, DOLMAGER, WANBREDA, président.

J. G. MEYER *de Gand, membre du conseil des 500 actuellement à Gand.*

Au général WIRION, *inspecteur chargé de l'organisation de la gendarmerie-nationale sur la rive gauche du Rhin.*

GÉNÉRAL !

J'ai reçu avec plaisir la collection complette de vos travaux sur la rive gauche du Rhin ; si (comme j'espère) ces enfans ressemblent à leurs frères des neuf départemens réunis, la République en recueillera sans doute le plus grand avantage ; la gendarmerie de l'*Escaut*, secondée par une poignée de troupes vient de faire des prodiges, 400 hommes à peine, ont étouffé une insurrection que 22,000 autrichiens en 1789 n'ont pû empêcher ; les progrès de celle de 1789 étaient même moins rapides que ceux d'aujourd'hui, sans la gendarmerie de l'*Escaut*, mon cher général, les fonctionnaires publics étaient massacrés, les archives brûlés et le département était pour quelque tems perdu pour la République, et peut-être pour dix ans purement à charge, par l'impossibilité de fournir les ressources accoûtumées que son sol et l'industrie de ses habitans procurent ; *les Anglais* épiaient le moment de descendre sur nos côtes et de s'emparer par ce moyen avec plus de facilité de l'isle de *Walcheren* et de toute la *Zélande* ; (a)

(a) Il est à remarquer que l'insurrection éclata à la même époque dans le département de la *Lys* le plus voisin de la mer, les Anglais en attendaient sans doute le résultat pour exécuter une nouvelle descente sur la côte de *Blankemberg* et d'*Ostende*, les rébelles du département de la *Lys* se portèrent sur *Courtray* et furent complettement battus ; le le citoyen Target (*b*) qui dans cette occasion, a rendu les plus grands services doit vous avoir informé de ses opérations, j'ai eu l'honneur de marcher avec lui à la tête de quelques gendarmes et des grénadiers de la 51.e et des cavaliers du 5.e qui, quoiqu'en petit nombre ont fait des prodiges; autant de *soldats*, autant d'*officiers*, autant de *héros*, autant de *Français républicains*. Enfin : agréez, général, mon hommage fraternel.

Gand, le 12 Brumaire, an 7.

Tout à vous :

Signé, J. G. MEYER
de Gand.

---

lieutenant de gendarmerie *Languelbert* de cette résidence y trouva une mort glorieuse dans une charge vigoureuse qui mit les brigands en déroute.

(*b*) Le citoyen *Target* se loue beaucoup de la conduite des officiers de cette compagnie qui ont marché avec la colonne qu'il commandait; *Jacquemart* jeune élève de l'école des trompettes de Paris, appellé au mois de Germinal *an 6.e*, *dans la compagnie* de l'Escaut, a été tué dans une charge contre les rébelles à l'affaire de Sinoy (30 Vendémiaire an 7.e) ce brave enfant, donnait les plus heureuses espérances, c'est bien le cas de répéter avec l'*auteur du chant du départ*.

« Les républicains sont des hommes
« Les esclaves sont des enfans. »

LIBERTÉ.　　　　*ÉGALITÉ.*

8.ème DIVISION.

BUREAU DE LA GENDARMERIE.

Paris le 27 Brumaire, an 7 de la République Française, une et indivisible.

Le Ministre de la Guerre , au Général WIRION, *à Bonn, département de Rhin et Moselle.*

Des renseignemens positifs, m'ont instruit, Général, que dans plusieurs des départemens, théâtre des fureurs combinées du fanatisme et du royalisme, la gendarmerie s'est distinguée par une vigoureuse résistance contre les brigands, et un généreux dévouement pour la défense de la République, plusieurs sous-officiers et gendarmes ont péri glorieusement les armes à la main, d'autres sont honorablement blessés, le pillage et l'incendie des casernes, ont privés un très-grand nombre du peu qu'ils possédaient ; tous ces braves militaires, ou leurs familles doivent trouver dans l'exécution de l'arrêté du Directoire du 14 de ce mois, le dédommagement des pertes qu'ils ont essuyées ; mais ils ont encore droit aux récompenses promises par le titre 13 de la loi du 28 germinal dernier, à ceux des sous-officiers et gendarmes qui se distinguent par des services signalés, et c'est à-moi qu'appartient l'avantage de remplir à cet égard le vœu de la loi.

Pour que je puisse le faire complettement, il convient, Citoyen, que vous m'adressiez un état nominatif par département et par brigades de ceux des sous-officiers et gendarmes de votre division, qui ont particulièrement mérité la reconnaissance de la patrie, par leur intrépidité et leur dévouement ; vous me rapporterez pour chacun les faits par lesquels il se sera distingué, et j'en formerai un tableau que, conformément à l'article 204 de la loi du 28 germinal, je mettrai sous les yeux du *Directoire*, pour qu'il fixe la quotité de la gratification qui sera accordée (*a*).

(*a*) On s'occupe en ce moment de la formation de l'état nominatif demandé par le ministre : incessamment il pourra être mis sous les yeux du *Directoire-Exécutif* : déja cette tâche délicieuse aurait été remplie, si les mouvemens continuels des brigades n'ayaient pas mis les chefs dans l'impossibilité de remplir les tableaux dont les modèles leur ont été envoyés.

Je sais, Général, que les circonstances difficiles dans lesquelles se trouvent les départemens où a éclaté l'insurrection ne sont point
cessées, et qu'il se présentera encore à la gendarmerie beaucoup d'occasions de signaler son
courage et son attachement invincible à la
cause républicaine (*b*) ; vous voudrez bien me

(*b*) Ce que le ministre prévoyait s'est réalisé depuis,
car le 7 Frimaire présent mois, 300 brigands se
sont portés dans la commune de *Jodoignes* (chef
lieu de canton du département de la Dyle) ils ont
pillé la municipalité et se sont dirigés sur la cense
de *Champevaux* ; le lieutenant de gendarmerie *Bou-
thor* de la résidence de *Wavres* (Dyle) marchant
contre ces brigands à la tête de 15 gendarmes
seulement, les mit en pleine déroute, leur tua 60
hommes et en fit prisonniers 6, qui furent conduits
à Bruxelles pour y être jugés.

Le général Bonnard a chargé le capitaine Dutailly
de témoigner sa satisfaction au détachement pour
la conduite intrépide qu'il a tenue dans cette
circonstance.

Neuf embaucheurs ont été depuis arrêtés dans les
faubourgs d'Anvers par la gendarmerie et conduits
à la citadelle ; il faut espérer que ces brigands
déclareront leurs complices et donneront de grands
renseignemens sur les causes de la révolte.

*Rapport officiel du chef du 32.e escadron de la gen-
darmerie-nationale, 14 Frimaire an 9.*

D

faire connaître successivement les nouveaux traits de bravoure et les services importans par lesquels elle se sera distinguée, afin que je les mette également sous les yeux du *Directoire*, et que je sollicite les récompenses dont ils seront reconnus susceptibles.

Salut et fraternité,

Signé, SCHERER.

LIBERTÉ. — *ÉGALITÉ.*

BUREAU DE LA GENDARMERIE.

Paris, le 14 Frimaire, an 7 de la République Française, une et indivisible.

Le Ministre de la guerre, au général de Brigade, WIRION.

J'ai reçu, général, jointes à votre lettre du 28 du mois dernier, copies de celles que vous ont adressés les généraux Colaud et Beguinot, pour vous témoigner leur satisfaction de la conduite qu'à tenue la gendarmerie dans les troubles dont les départemens réunis ont été le théâtre. Les témoignages que renferment ces lettres me prouvent de nouveau que cette gendarmerie, fidèle aux principes que vous lui avez inculqués, à donné des preuves éclatantes de son dévouement à la République, et à rendu des services signalés qui lui donnent des droits à la reconnaissance de la patrie.

Salut et fraternité,

Signé, SCHERER.

***

LIBERTÉ.   ÉGALITÉ.

BUREAU PARTICULIER.

Mayence, le 18 Frimaire, an 7 de la République Française, une et indivisible.

Le citoyen RUDLER, *Commissaire du Gouvernement dans les nouveaux départemens de la rive gauche du Rhin, au citoyen* WIRION, *général de Brigade, Commandant la gendarmerie-nationale.*

CITOYEN GÉNÉRAL!

La manière dont se sont conduit les gendarmes dans le département de la Sarre, lors de l'insurrection des rébelles des départemens voisins et dont j'ai rendu compte au Ministre, lui à paru singulièrement satisfaisante, et par une lettre spéciale, il m'a chargé de l'agréable mission de témoigner toute sa satisfaction aux officiers et aux gendarmes qui ont, dans ces circonstances, si bien mérité de la chose publique.

Je vous invite donc, citoyen général, à leur faire connaître la satisfaction du gouvernement sur leur conduite.

Salut et fraternité,

Pour le Commissaire du gouvernement,

RUDLER.

Signé, F. V. Mulot.

Extrait de la lettre du Ministre de la justice, au citoyen RUDLER, *en date du 4 Frimaire.*

. . . . Je vous charge d'être mon organe auprès des officiers et gendarmes qui dans ces circonstances critiques, ont bien mérité de la chose publique.

Salut et fraternité,

Signé, LAMBRECHTS.

Pour copie conforme:

Pour le Commissaire du gouvernement,

RUDLER.

Signé, F. V. MULOT.

LIBERTÉ.   ÉGALITÉ.

COPIE.

8ème. DIVISION.

BUREAU DE LA CONSCRIPTION MILITAIRE.

Paris, le 19 Frimaire, an 7 de la République Française, une et indivisible.

Le Ministre de la guerre, au général WIRION, *à Bonn.*

Vous m'informez, Citoyen général, par votre lettre du 24 Brumaire et je vois par le rapport y joint, que le citoyen Penot, lieutenant de gendarmerie dans le département de la Sarre, non content de poursuivre les rébelles de celui des Forêts, en incursion sur les limites, et qui fuyent à l'aspect des gendarmes qu'il commande, fait bivouaquer sa brave troupe devant St. With, département de l'Ourthe, et a saisi un individu d'Hillersheim, prévenu d'être instigateur des troubles.

Le zèle et la constance de ces braves gendarmes à harceler les bandes soulevées contre le gouvernement républicain , méritent les témoignages de satisfaction les plus flatteurs, cette conduite fait aussi l'éloge de celui qui les a choisis et organisés. Veuillez donc bien leur transmettre le [tribut d'éloges, qui leur est dû, les engager à redoubler d'activité, et continuer par de tels résultats à prouver la bonté de vos choix et la sagesse de vos mesures.

Salut et fraternité,

Signé, SCHERER.

Pour copies conformes :

Le général de Brigade, chargé de l'organi-sation de la gendarmerie-nationale dans les pays conquis, situés sur la rive gauche du Rhin,

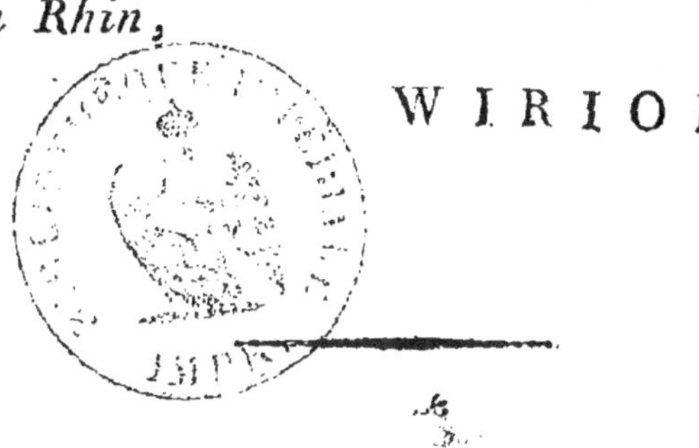

W I R I O N.

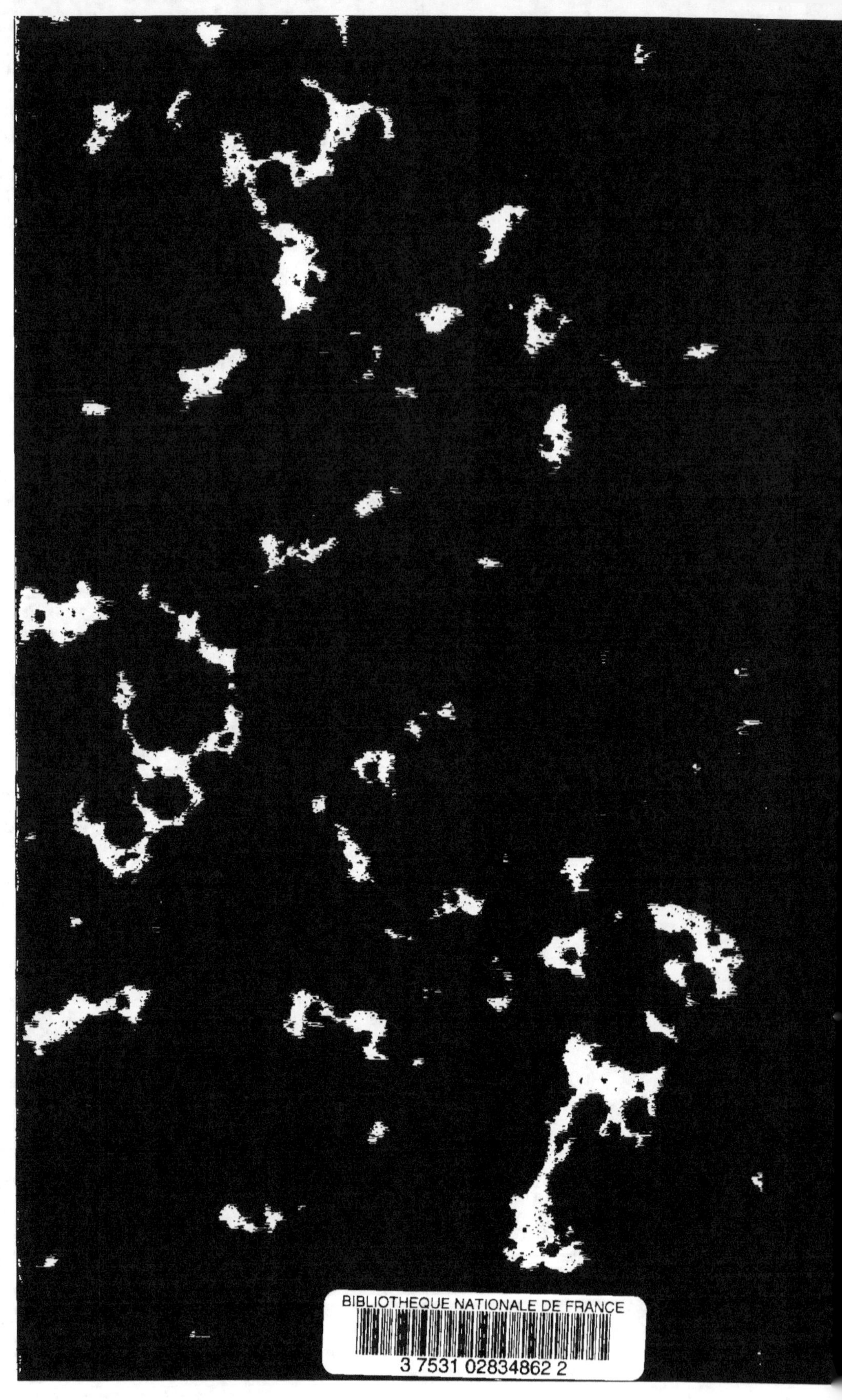

www.ingramcontent.com/pod-product-compliance
Lightning Source LLC
LaVergne TN
LVHW012053030726
842523LV00002B/518